NATIONALITÉ FRANÇAISE

PAR

CHARLES DIDIER

PARIS

PAGNERRE, ÉDITEUR

RUE DE SEINE, 14 BIS

—

1841

INTRODUCTION

Il est de mode aujourd'hui, dans un certain monde, et malheureusement dans plus d'un monde, d'ériger en culte, en religion, les intérêts matériels. Que d'hommes en ce temps-ci n'en professent pas d'autre ! Matérialisme politique est devenu le mot d'ordre et de ralliement d'une école affi-

NATIONALITÉ
FRANÇAISE

PAR

CHARLES DIDIER

PRIX : 75 CENT.

PARIS,

PAGNERRE, ÉDITEUR,

RUE DE SEINE, 14 BIS.

1841

NATIONALITÉ FRANÇAISE.

Impr. de Schneider et Langrand, rue d'Erfurth, 1.

liée au pouvoir, éclose sous son aile, et qui marche, enseignes déployées, à la conquête de la société. C'est là, du moins, le vœu des adeptes ; c'est leur plus cher espoir.

Nier les intérêts matériels de l'État, ce serait nier que l'homme a un corps à nourrir, à loger, à vêtir, et c'est à quoi personne, assurément, n'a jamais songé ; mais proclamer, comme on le fait, la prédominance des intérêts matériels sur les intérêts moraux, et prétendre asservir les premiers aux seconds, c'est dépouiller l'homme des attributs qui le constituent, et qui font qu'il est homme.

Ceci, du reste, n'est au fond qu'une dispute de mots : la dualité qu'on s'efforce d'établir est impossible, elle est même puérile ; l'homme, dans son état normal, vit à la fois des deux vies, et ces deux vies sont si étroitement unies en lui, elles sont combinées, identifiées de telle sorte, qu'elles se confondent et n'en font qu'une. On ne saurait, même pour la pensée, les concevoir isolées ; la cessation de l'une entraîne inévitablement celle de l'autre. Ce qui est vrai pour l'individu, ne l'est pas moins pour l'État qui n'est qu'une association d'individus. L'État est un, comme l'homme est un. Le scinder, c'est le frapper au cœur, c'est le tuer.

La doctrine exclusive des intérêts maté-

riels pèche donc par la base : en principe, c'est un non-sens, et dans l'application
une impossibilité.

Ainsi, puisque l'État est soumis aux mêmes conditions d'existence que l'individu,
il a les mêmes besoins; matériels ou moraux, tous ses intérêts doivent marcher de
concert et s'équilibrer ; sans cette harmonie préétablie et nécessaire, il y a désordre, et par conséquent souffrance. Repré-
sentez-vous un homme réduit à la vie
strictement matérielle, sera-ce un homme?
Il en est de même de l'État. La consé-
quence logique du matérialisme politique
est donc la dégradation de l'espèce et la
dissolution de la société.

Est-ce là le but que se proposent ceux qui ont planté, sur les ruines du passé, l'étendard des intérêts matériels? Nous nous plaisons à croire qu'ils y marchent sans s'en douter ; et que, en posant les prémisses, ils n'ont pas vu les conséquences. Nous aimons mieux leur croire moins de logique que moins d'humanité. Mais ils sont sur la route qui mène aux abîmes et les Etats et ceux qui les conduisent.

S'il était possible à ces mauvais conseillers d'entraîner la France dans leurs écarts, s'ils la décidaient jamais à les suivre, c'en serait fait à l'instant de tout progrès. Les lumières de l'intelligence s'éteindraient incontinent, et de grossières ténèbres couvriraient la terre ; car les États, pas plus que les hommes, ne violent jamais impunément les lois éternelles. Mais cela ne sera point, ces tentatives insensées nous alarment peu. Les ministères et les dynasties peuvent bien se suicider, les nations ne se suicident pas ; l'instinct de conservation est tout-puissant chez elles ; quand on les croit perdues, le ciel leur envoie à temps quelqu'une de ces illuminations libératrices, qui leur montrent le précipice et les ramènent aux bonnes voies.

Toutefois, quoique nous soyons tranquilles sur le résultat final de ces doctrines anti-sociales, anti-humaines, nous ne cesserons pas un instant de protester con-

tre elles; car, si elles ne peuvent longtemps égarer les peuples, elles peuvent
ébranler un instant les esprits faibles, et
c'est déjà trop. Elles ont cela de funeste,
d'ailleurs, qu'elles s'adressent à ce qu'il y
a de moins noble dans l'homme, au lieu de
s'adresser aux sentiments supérieurs, sans
lesquels la société n'est plus qu'un trou-
peau.

Il y aurait de la déraison à venir, de
propos délibéré, se mettre en hostilité
contre les intérêts matériels; nous voulons au contraire qu'ils soient satisfaits
comme les autres, satisfaits pleinement;
mais nous croyons qu'ils doivent être su-
bordonnés aux intérêts moraux. Personne

n'a jamais osé dire aux hommes : « Soyez riches d'abord.; et puis, si vous pouvez, ayez de l'honneur et de la vertu. » C'est pourtant là ce qu'on dit en face à la société, ce qu'on lui répète chaque jour avec un aplomb qui a du moins le mérite de la naïveté; nous lui dirons, nous : « Sois vertueuse d'abord, et tu seras toujours assez riche. »

Les mœurs publiques sont faussées, il faut les rectifier; les âmes sont énervées, il faut les retremper; les consciences sont sceptiques et assoupies, il faut les réveiller et les convaincre en les éclairant. L'intelligence est impuissante quand elle est seule, et la science est stérile si l'idée morale ne

vient la féconder. Supposez une vaste intelligence dénuée de moralité, vous avez le
génie du mal sur la terre ; la science ne
serait, dans la main de cet être malfaisant,
qu'un instrument d'égoïsme, et par conséquent de désordre et de destruction ; car il
la ferait servir, non à la gloire et au bonheur
de l'humanité, mais à la satisfaction de
ses propres appétits et aux caprices de son
imagination ; et, si un tel être avait la du-
rée et la puissance, il finirait par absorber
la création tout entière dans sa dévorante
personnalité.

Tout gouvernement, quelle que soit d'ailleurs sa forme, doit nécessairement arri-
ver au même résultat, s'il n'est moral. La

morale sociale consiste à diriger, non au profit de l'individu, mais au profit de l'espèce entière, toutes les forces de la nature ; en dehors de cette règle absolue, il n'y a plus que privilége, exploitation.

Mais nous voulons bien, par hypothèse, supposer un gouvernement qui appliquerait dans sa rigueur la doctrine des intérêts matériels. Certes, un État ainsi gouverné devrait être, matériellement parlant, le plus riche, le plus florissant du monde. Ses finances seraient les mieux administrées, son revenu le plus considérable, son agriculture et son commerce rivaliseraient de prospérité ; des chemins de fer sans nombre feraient circuler d'une frontière à l'autre, avec la rapidité du sang dans les artères, tous les produits de la richesse publique. Des banques nationales commanditeraient le travail; des comptoirs d'escompte doubleraient les ressources de l'industrie par les miracles du crédit; en un mot, un tel État serait sur la terre l'idéal de la vie positive, et, à défaut du développement intellectuel, ce serait au moins une compensation.

Maintenant faisons un retour sur nous-mêmes, et voyons si la France, qu'on gouverne depuis dix ans au nom, et au nom seul, des intérêts matériels, ressemble en rien au tableau que nous venons d'esquisser.

Loin de là, tous les intérêts y sont en

souffrance. Comptez les faillites, elles se succèdent avec une rapidité et dans une progression effrayantes. Entrez dans les manufactures, qu'y voyez-vous ? des salles désertes, des métiers abandonnés. Les caisses d'épargne, instituées pour recevoir et pour capitaliser les modiques économies du travailleur, sont assiégées périodiquement par une foule innombrable qui vient, non pas verser, mais retirer son modeste pécule. La petite bourgeoisie elle-même, ces marchands qui vivent de leur négoce de tous les jours, ces petits rentiers qui se reposent de quarante, de cinquante ans de travail dans une médiocre aisance, con-sultez-les. Ceux-ci sont perpétuellement

troublés dans leur existence par les per-
turbations de cette Bourse où le télégra-
phe déplace des millions ; et quant aux
autres, ils ne vendent plus, n'achètent plus,
vivent, par conséquent, d'expédients, de
privations, et font de la misère au lieu de
faire de la richesse.

Où sont vos banques nationales? avez-
vous un seul établissement de crédit pu-
blic institué sur des bases démocratiques
et vraiment utile ? Les capitaux se resser-
rent tous les jours davantage ; les escomp-
tes sont usuraires, et tel est le malheur des
temps, que les usuriers deviennent des
personnages importants qu'on ménage.
Ils dévorent les villes, ils dévorent bien

plus encore les campagnes; et en présence d'un pareil fléau, que faites-vous pour l'agriculture, pour cette nourrice féconde des peuples qui occupe les quatre cinquièmes de la population française? Elle est livrée à la routine, à l'ignorance, à la pauvreté, et l'on ne songe pas même à lui venir en aide; sous ce rapport, la France est en arrière, non-seulement de l'Angleterre, de la Hollande, de la Suisse, mais de pays bien moins avancés que ces trois états.

Le haut commerce n'est pas dans des conditions plus heureuses; les débouchés se ferment au lieu de s'ouvrir. Un réseau de douanes hostiles répond à nos prohibitions impolitiques, et, les roueries gouvernementales descendant des hautes régions du pouvoir chez les particuliers, l'improbité est passée en habitude et en principe dans les transactions commerciales. Le commerce français n'a jamais joui de si peu d'estime à l'étranger; et à l'intérieur est-il un consommateur qui ne s'en plaigne? Que de scandales chaque jour met en lumière!

Vous parlez depuis dix ans de chemins de fer; combien en avez-vous? Nous passons sous silence l'Amérique; mais l'Angleterre, la Belgique en sont sillonnées dans tous les sens; l'Allemagne, la Prusse, l'Autriche même et la Russie s'enrichissent tous les jours, sous nos yeux, de lignes nouvelles. Et pendant ce temps, que fait votre administration routinière et méticuleuse des ponts et chaussées? elle défait le lendemain les projets de la veille, et décourage par ses mille tyrannies bureaucratiques les entreprises les plus sérieuses. Semblable aux eunuques du harem, elle ne fait rien d'elle-même et empêche les autres de faire. Vos communications fluviales ne sont pas en meilleur état; vos canaux, qui ont englouti des capitaux énormes, sont hors d'usage huit mois sur douze, et vos routes même, déjà si insuffisantes, sont impraticables, sur beaucoup de points, une partie de l'année. Sur les trente-huit mille communes de France, combien y en a-t-il qui puissent communiquer entre elles librement et en tous temps?

Nous ne voulons pas sonder à fond toutes les plaies qui saignent sous nos yeux; mais, nous le demandons aux hommes consciencieux de tous les partis, sont-ce là les symptômes d'une société normale et bien organisée? Pendant dix ans vous avez tout immolé aux intérêts matériels, gloire, initiative, honneur national, conscience, tout en un mot; et ces intérêts, auxquels vous avez fait de si grands sacrifices, n'ont jamais été si profondément compromis. Tous vos ennemis ont profité de la paix pour s'enrichir, pour s'agrandir; vous en avez profité, vous, pour amoindrir et appauvrir la France. L'Europe est prête à tout événement, et vous, l'êtes-vous? Parcourez les groupes, les salons même et les comptoirs, vous n'entendrez partout que l'expression du mécontentement, de l'inquiétude, du soupçon. Il n'est pas jusqu'aux hommes d'argent, oui, les hommes d'argent, qui ne s'écrient eux-mêmes : « Plutôt la guerre qu'une paix si désastreuse! »

Voilà donc le résultat de vos tristes doctrines ; le matérialisme politique est jugé, grâce à vous, dans ses conséquences et dans ses applications. Il en sera de même toutes les fois qu'on subalternisera les intérêts moraux d'un peuple : l'idée morale est seule féconde ; elle est la sève des états ; sans elle ils se dessèchent et arrivent à la stérilité. L'expérience du genre humain prouve, et c'est là une vérité consolante, que les nations les plus morales sont aussi les plus grandes et les plus fortes. Or, nous, nous voulons notre patrie forte, nous la voulons grande ; et c'est pourquoi nous la voulons morale. C'est donc avant tout l'idée morale dont nous avons à cœur le triomphe. Nous y avons travaillé et nous y travaillerons de toutes nos forces ; car les états n'ont pas de plus dangereux, de plus implacable ennemi que l'immoralité. On revient de tout, hormis de la corruption. En poursuivant à travers mille obstacles, mille outrages, cette œuvre de conscience et de devoir, nous sommes sûrs d'éveiller partout des sympathies; car il y a partout des hommes qu'indigne la bassesse et que révolte la corruption. Il en est dans toutes les classes, dans tous les partis. Ces nobles cœurs, c'est notre espoir, s'ouvriront à notre parole et s'associeront à nos efforts.

Dix ans de réactions et de calomnies avaient réduit la démocratie à des conditions si dures qu'il a fallu, nous l'osons dire, quelque constance pour ne pas désespérer. Mais elle a repris ses droits; la force des faits est venue corroborer toutes ses paroles, justifier toutes ses prédictions. Il n'en pouvait être autrement : les clous d'airain de la nécessité lient fatalement les conséquences à leurs principes. Le mal a même été plus grand que nous ne l'avions redouté : l'initiative française est menacée ; et ce qui est plus triste à dire, le doute et le découragement se sont glissés dans plus d'un cœur jusque-là ferme et croyant. Dans un tel état de choses il nous a paru bon et utile de jeter un regard en arrière, et de prouver par l'histoire que l'initiative de la France est sa nationalité même. Ces deux faits n'en font qu'un : l'un ne saurait périr sans entraîner l'autre dans sa ruine.

Il en est des nations comme des hommes qui se dégradent et s'atrophient dès qu'ils sont placés dans un milieu et dans des conditions qui rendent impossibles leurs fonctions vitales et l'exercice libre et complet de toutes leurs facultés. Or, la France en est là : il est évident qu'elle n'est plus dans un milieu où elle puisse vivre ; car elle vient d'être rejetée par l'Europe au second rang.

La question d'Orient n'est qu'un prétexte. Ce n'est pas la Porte qui en est cause ; ce n'est pas l'Egypte ; c'est la France, c'est l'Europe, ce sont tous les intérêts, tous les principes. L'instinct populaire l'a senti, parce qu'il est toujours vrai. Voilà pourquoi le coup de canon de Beyrouth a produit une commotion si électrique et si universelle. Toutes les classes de la population s'en sont émues; toutes les rivalités, toutes les distinctions de parti se sont fondues, pour un instant, dans un ressentiment unanime et profond. Tout le monde a senti que la crise avait atteint sa force suprême, qu'elle échappait aux mains ténébreuses de la diplomatie, et que la fortune des combats allait rompre enfin, et rompre au grand jour les fils si patiemment, si témérairement ourdis dans les souterrains de l'intrigue et de la duplicité.

Il est temps qu'on en vienne aux solutions. Chacun, quelles que soient d'ailleurs ses sympathies et ses opinions personnelles, chacun aspire à une conclusion décisive. C'est qu'aussi la position qu'on nous a faite n'est pas tenable : l'honneur, ce trésor cher et sacré des cœurs haut placés, est pour les nations une condition d'existence, une nécessité. Or, on vient de faire à la France un affront sanglant et prémédité ; son honneur, c'est-à-dire sa vie même est donc en péril : il s'agit de savoir maintenant si la France est encore la France, et si nous sommes les fils de nos pères, ou si nous ne serions pas déchus et dégénérés, comme on le dit dans les conseils de nos ennemis.

Puisse le coup d'œil que nous allons jeter sur le passé raffermir les cœurs ébranlés et fortifier la foi de ceux qui chancellent! Les croyants et les forts n'ont pas besoin d'être encouragés ; mais tous, peut-être, en voyant, pour ainsi dire, d'un regard, ce que la France a été, comprendront mieux ce qu'elle doit être, et quelle mission elle est appelée à remplir dans l'humanité.

Paris, décembre 1840.

NATIONALITÉ FRANÇAISE.

La France peut être regardée, géographiquement parlant, comme le résumé de l'Europe; ceci n'est point une figure, mais une réalité. Placée au centre du monde européen, elle participe à la fois du nord et du midi; du midi, par l'Italie et par l'Espagne, dont elle partage le soleil ardent ; du nord, par l'Allemagne, la Flandre et l'Angleterre, qui enveloppent sa frontière de leurs brumes septentrionales. Douée d'un ciel tempéré à la fois et varié, la France offrait une patrie à toutes les races, et toutes s'y sont acclimatées, depuis les Phocéens de Marseille jusqu'aux Normands de la Neustrie ; de là l'aptitude reconnue des armées françaises à supporter tous les climats, à se naturaliser chez tous les peuples. De là surtout, glorieux privilége ! la large et facile compréhension, l'universalité de l'esprit français. Le Russe engourdi dans ses glaces, et le Sicilien volcanisé par son soleil, demeurent l'un pour l'autre une éternelle énigme. Les dernières guerres l'ont prouvé : le Sicilien ne comprenait rien au Russe, le Russe rien au Sicilien; mais le génie français comprend l'un et l'autre, parce que formé d'éléments divers, d'éléments contraires, il les contient tous les deux. Au nord comme au midi, au midi comme au nord, il est partout chez lui; de là vient aussi la facilité qu'ont les peuples étrangers à se teindre des couleurs de la France; de là leur penchant naturel, irrésistible, à recevoir ses leçons, à imiter ses exemples, à s'approprier jusqu'à ses modes. Il semble que la France soit pour eux tous la patrie-mère dont ils ne sont que les colons; ils retrouvent tous en elle quelque chose d'eux-mêmes. Ses mœurs pour eux n'ont rien d'étranger, ses coutumes rien de nouveau, sa langue est presque à tous leur langue maternelle. La France est un miroir à mille facettes dont chacune réfléchit un point de l'humanité.

Un des plus précieux caractères du génie français, celui peut-être qui plus que tous les autres le rend propre à toutes choses et contribue à l'acclimater partout, c'est la mesure, la justesse ; or, c'est là encore, si j'ose le dire, un bénéfice géographique. La pétulance provençale est heureusement tempérée par le flegme flamand ; la rouerie gasconne, l'argutie normande, par l'honnêteté francomtoise, par la droiture alsacienne ; la mobilité languedocienne, par la ténacité bretonne. De ces conflits divers résulte un équilibre parfait, et des contrastes naît l'harmonie. C'est ainsi que l'unité règne dans la variété, et la variété dans l'unité.

Une nation ainsi constituée physique-
ment et composée d'éléments aussi favo-
rables devait tôt ou tard exercer sur ses
voisins une souveraine prépondérance.
S'il n'en fut pas toujours ainsi, si la France
n'eut pas de prime abord en Europe la
haute position qui lui convient, le moment
est arrivé pour elle d'imprimer le mouvement à la civilisation. Elle a hérité des
deux Romes, Rome ancienne et Rome pa-
pale, ce privilége auguste. Le rôle imposant joué deux fois par Rome, d'abord
dans la société païenne, puis dans la société chrétienne, Paris est appelé par
la Providence à le jouer dans la société
moderne; transférée par les siècles des
bords du Tibre aux rives de la Seine, l'i-
nitiative humaine appartient désormais à

l'antique berceau du génie français. Le 14 juillet 1789 a inauguré la nouvelle reine de l'Occident sur les ruines fumantes de la Bastille.

Mais son règne était préparé de longue main. Richelieu et Louis XIV, ces deux rois du dix-septième siècle; Voltaire et Jean-Jacques, ces deux rois du dix-huitième, lui avaient, deux siècles durant, aplani les degrés du trône. Certes, ce n'est pas qu'avant Richelieu la France fût légère dans la balance européenne : jamais peuple au contraire n'y pesa davantage. Le moyen âge et l'âge antique sont pleins de la France, et aucun peuple ne fit dans l'histoire une apparition plus éclatante. Quel est le premier nom français qu'on lit au frontispice étincelant de la société romaine? Le nom d'un conquérant: celui de Brennus! La Gaule apparaît là victorieuse; assise sur les cendres de Rome, elle baigne ses pieds dans le Tibre, elle repose sa tête couronnée des lauriers de l'Allia sur les marches du Capitole. On ne pouvait faire un plus glorieux avènement dans l'histoire.

La société grecque offre le même spectacle. Le premier Gaulois qui vint écrire son nom sur la poussière hellénique fut un conquérant qui escalada jusqu'à l'Olympe, et, qui, maître de Delphes, put s'asseoir sur le trépied de la Sibylle pour prophétiser à la Grèce étonnée la grandeur future de sa lointaine patrie. Quant aux Romains, il fallait que le souvenir de Brennus eût laissé

en eux des traces bien profondes et que
le nom gaulois fût bien formidable pour que
le peuple-roi déclarât la république en dan-
ger chaque fois que les Gaulois apparais-
saient sur les Alpes. Quel ennemi obtint
jamais de Rome un tel hommage? Mais
toutes ses rencontres avec lui justifièrent
ses épouvantes. Polybe nous apprend que
les Gaulois enrôlés sous les drapeaux d'An-
nibal contribuèrent plus que les Carthagi-
nois eux-mêmes au triomphe de Cannes;
et lorsque Spartacus, l'esclave révolté, fit
chanceler sur ses bases, avec son épée de
gladiateur, la ville éternelle, la meilleure
partie de son armée était composée de
Gaulois; vingt ans plus tard, quand César
voulut mériter, ou du moins se faire par-
donner l'empire qu'il convoitait, par une

de ces entreprises gigantesques qui absolvent de tout, ce n'est pas l'Espagne qu'il alla combattre, il la laissa à son vaniteux rival ; ce n'est pas l'Asie, il la laissa au sensuel Lucullus : c'est la Gaule. Pourquoi ? C'est que César savait bien qu'il allait trouver là un ennemi digne de lui et qu'il y avait plus de gloire à dompter les Gaules qu'à soumettre le reste du monde. Il consuma dix ans à cette œuvre difficile ; et telle fut son estime pour les Gaulois qu'il ne dédaigna pas, le patricien superbe, d'écrire leurs annales. C'est la main victorieuse qui a légué à la postérité l'histoire des efforts du peuple dompté. Jules César est le premier historien de la France. Un pareil éloge est unique dans les fastes militaires des Romains, et jamais vaincu ne reçut du vainqueur une si éclatante marque de respect.

Quelque estime que César professât pour le peuple gaulois, quel n'eût pas été son étonnement si le génie encore méconnu de la France lui eût prédit alors que Lutèce serait un jour Paris ! Eût-il consenti à reconnaître dans la mince bourgade qu'il assiégeait l'héritière de cette Rome dont, sans le savoir, il préparait la chute ? Telles sont les vicissitudes de l'humanité ; le sceptre social échappe des mains d'un peuple pour tomber aux mains d'un autre, et quand le vainqueur s'est rendu par ses excès indignes de l'initiative que lui avait confiée la Providence, la Providence l'en déshérite pour en revêtir à son tour le vaincu.

Si nous passons maintenant de la société païenne à la société chrétienne, nous voyons la nationalité française se dessiner nettement et sortir plus pure et plus compacte de la grande élaboration des nations barbares. Dès lors distincte, impérissable, elle s'assimilera bien les éléments nouveaux qui de loin en loin viendront encore s'unir à elle, mais elle les dominera tous et ne sera plus subjuguée par aucun. Ceux qu'elle ne pourra pas s'assimiler, elle les détruira; de ce nombre est l'élément sarrasin, contre lequel elle aura à lutter plus d'un siècle et qu'elle finira par éliminer tout à fait; la gloire en revient à Charles Martel.

A un autre Charles, à Charlemagne, appartient la gloire bien autrement éclatante d'avoir définitivement fixé la nationalité française, et, la société ancienne étant tout à fait dissoute, fondé la société nouvelle : c'est Charlemagne en effet qui a jeté les fondements de l'édifice imposant du moyen âge ; son nom brille radieux au fronton.

Les débordements du Nord avaient tari ; la refonte du genre humain était opérée, mais il fallait une force qui fît harmoniquement graviter autour d'un nouveau centre et qui soumît à un mouvement régulier les éléments rebelles et discordants de l'humanité ainsi transformée. Cette force était le christianisme ; ce centre fut la papauté. Charlemagne eut la gloire immense de le comprendre ; il comprit qu'il fallait une digue à l'épouvantable anarchie qui dévorait la société politique et qu'il fallait plus qu'un intérêt matériel pour lier entre elles toutes ces races hétérogènes. Les intérêts supérieurs de la religion étaient seuls capables d'assouplir ces natures d'airain et de rallier l'une à l'autre ces familles rivales.

Voilà, dis-je, ce que Charlemagne comprit merveilleusement, voilà ce qu'il exécuta. Il rangea l'Europe sous un sceptre commun en fondant l'empire d'Occident, et, afin que son œuvre eût aux yeux des peuples la sanction divine, il voulut que le vicaire de Dieu sur la terre posât lui-même sur son front le diadème impérial. Par là, il anoblissait l'obéissance du vaincu, il tempérait par l'humilité l'insolence des vainqueurs, et en même temps qu'il éteignait les haines, diguait les passions mauvaises, il créait l'unité politique, l'unité sociale. Ce sont là de ces grands instincts que la Providence envoie aux hommes de génie qu'elle choisit entre tous pour ses missionnaires.

C'est donc un roi de France, c'est Charlemagne qui a fondé politiquement l'Eglise, ce centre commun, ce foyer civilisateur du moyen âge; sans Charlemagne Grégoire VII n'existerait pas. Or, Charlemagne sentait si bien que la mission de l'Eglise était civilisatrice et qu'à elle appartenait de dissiper les épaisses ténèbres de la barbarie, qu'il obligea les évêques à former *d'habiles clercs*, et les moines à faire des études fortes, à se nourrir des anciens; et afin de prêcher d'exemple, il établit dans son propre palais une école qui devint célèbre par le nombre de savants qui en sortirent et qui finit par donner naissance à l'Université de Paris, mère de toutes les autres (1). Ce sont là, je pré-

(1) Je ne saurais résister au plaisir de citer à ce propos un passage curieux du moine de Saint-Gall, sur l'origine des écoles qui donnèrent le jour à l'Université de Paris. Le voici :

« Au temps de Charlemage, deux Écossais, hommes
« très-versés dans les sciences profanes et les saintes
« Écritures, vinrent d'Hibernie en Gaule avec des
« marchands bretons. Ils ne montraient aucune mar-
« chandise à ceux qui leur demandaient ce qu'ils
« vendaient, afin d'acheter; mais ils disaient : Si
« quelqu'un a envie de la sagesse, qu'il vienne et en
« reçoive de nous; car c'est ce que nous vendons; et
« ils disaient qu'ils vendaient la sagesse, parce qu'ils
« voyaient que ce peuple se souciait peu des choses
« gratuites, et recherchait celles qu'il fallait acheter.

sume, des faits significatifs, et la France a droit d'être fière de son Charlemagne.

Malgré les deux longs siècles de déchirements et de révolutions politiques qui sui-

« Ils voulaient exciter par ce langage la curiosité et
« l'étonnement. Enfin, ils répétaient si souvent ces
« paroles, que les hommes qui regardaient ces étran-
« gers comme des fous, les portèrent aux oreilles de
« Charles. Toujours curieux de la sagesse et des sa-
« vants, Charles les fit venir en toute hâte en sa pré-
« sence, et leur demanda s'il était vrai, comme on le
« disait, qu'ils apportassent avec eux la sagesse. Oui,
« dirent-ils, nous la possédons, et nous sommes prêts
« à la donner à ceux qui la demanderont avec res-
« pect et sans la crainte de Dieu. Le roi ayant voulu
« savoir quel prix ils y mettaient : Nous ne voulons,
« dirent-ils, qu'un lieu convenable, des âmes bien
« disposées et les choses sans lesquelles nous ne pou-
« vons accomplir notre voyage, des aliments et de
« quoi nous vêtir. Le roi, plein de contentement, les
« garda l'un et l'autre quelque temps près de lui. Par-

virent sa mort et le démembrement de l'empire d'Occident, la France ne s'en trouva pas moins, au onzième siècle, à la tête du mouvement européen. Ce siècle

« tant ensuite pour des expéditions militaires, il or-
« donna à l'un d'eux, qui se nommait Clément, de res-
« ter dans la Gaule, lui confia, pour les instruire, beau-
« coup de jeunes gens, les uns de famille illustre, les
« autres de condition moyenne, d'autres de condition
« inférieure, et leur fit fournir, selon leurs besoins, des
« vivres et une habitation commode. Charlemagne
« s'absenta sur ces entrefaites ; étant de retour dans
« la Gaule au bout d'un long temps, il ordonna que
« les jeunes gens qu'il avait confiés à Clément parus-
« sent devant lui et lui apportassent leurs lettres et
« cahiers d'étude. Les jeunes gens de conditions
« moyenne et inférieure lui présentèrent des travaux
« bien faits et ornés de toutes les beautés de la science ;
« mais les jeunes gens de famille illustre ne lui pré-
« sentèrent que des travaux imparfaits et qui se res-
« sentaient de leur indolente oisiveté. Alors le sage

est l'un des plus mémorables, le plus mémorable peut-être de tout le moyen âge. Longtemps nomades sur les mers du nord, les Normands avaient fini par se naturali-

« roi, imitant la justice du souverain juge, fit pass r
« à sa droite ceux qui avaient bien travaillé, et leur
« dit : Je vous remercie, mes enfants, car vous avez
« accompli mes ordres et fait votre devoir autant
« qu'il était en vous; maintenant efforcez-vous d'at-
« teindre la perfection : je vous donnerai des évêchés
« et de riches monastères, et vous serez toujours en
« honneur à mes yeux. Se retournant ensuite vers
« ceux qui étaient à sa gauche, et réveillant leur
« conscience par le feu de ses regards, il leur adressa
« ironiquement, avec l'éclat de la foudre, ces paroles
« terribles : Vous, jeunes illustres, vous, les fils des
« grands, vous qui êtes élégants et délicats, vous
« vous êtes confiés à votre naissance et à vos riches-
« ses, vous avez négligé mes ordres et votre sancti-
« fication, vous vous êtes livrés à la débauche, au
« jeu, à la paresse ou à de vains exercices; et aussi

ser en France ; devenus, depuis dix générations, membres actifs de la société
française, ils s'élancèrent tout d'un coup
à de nouvelles conquêtes et fondèrent si-
multanément au nord et au midi de l'Europe deux dynasties puissantes ; Robert
Guiscard, aidé du pape Grégoire VII,
francisa les Deux-Siciles ; Guillaume le

« tôt, avec un serment ordinaire, élevant vers le ciel
« sa tête et sa main : Par le Roi des cieux, dit-il, je
« ne fais pas grand cas de votre noblesse et de votre
« élégance, quoique les autres vous admirent ; et
« sachez bien, que si vous ne réparez votre négli-
« gence par un travail assidu, vous n'obtiendrez ja-
« mais de Charles rien de bon. »
(Monach. S.-Gall, *Chron. de gest. Car. M.;* lib. I,
ch. i, iii.) Le moine de Saint-Gall écrivait cela à la
fin du neuvième siècle, et ce passage prouverait au
besoin qu'à cette époque Charlemagne nommait aux
évêchés.

Bâtard, l'Angleterre. Tous les deux étaient partis de France avec des Français.

Mais l'événement capital du siècle, ce sont les croisades; or le mouvement des croisades est parti de France. Le premier qui le prêcha fut un Français, Pierre l'Hermite; le concile qui les décréta se tint au cœur de la France, à Clermont; le chef de la sainte ligue, le conquérant de Jérusalem, fut un Français, Godefroy de Bouillon. La poésie italienne a pris soin d'immortaliser son nom; le poëme du Tasse est tout à la gloire de la France. Ne reconnaît-on pas déjà ce besoin d'action, cette soif d'entreprise qui caractérisent le génie français (1)? Hardi toujours, parfois un

(1) On peut dire que la liberté est l'essence de l'es-

peu téméraire, il aspire à l'espace, il faut qu'il s'épande, il faut qu'il s'impose ; il est dans sa nature d'aller, d'aller toujours ; il entre partout, s'immisce à tout ; il n'est

prit français ; âcre et violente dans Voltaire et dans Molière, savante et métaphysique dans Descartes et dans Gassendi, personnelle et fantasque dans Montaigne, sacerdotale et théocratique dans Calvin, pédante et satirique dans Rabelais, dialectique et doctorale dans Ramus et dans Abailard, c'est la liberté, sous toutes les formes, sous tous les masques ; elle est si complétement identifiée au vieil esprit gaulois, qu'il ne peut aller sans elle, et qu'on est bien près de répudier celle-ci, quand on répudie celui-là. On l'a comparé quelquefois littérairement à l'*humour* anglais, mais il en diffère en ce que celui-ci s'inspire plus des accidents fortuits, des mille petites péripéties de la vie commune. C'est à cette source un peu humble, même parfois un peu vulgaire, que Sterne puise ses saillies les plus piquantes. Or Sterne est le type de l'esprit anglais au dix-huitième heureux que s'il conquiert, et, bien qu'on ait refusé à la France le don de conserver ses conquêtes, cela n'est vrai que pour les conquêtes matérielles, car, pour les con-

siècle, comme Voltaire est celui de l'esprit français. *Tristam Shandy* est l'œuvre classique du premier, *Candide* du second. Mais quelle distance de l'un à l'autre ! Celui-ci est net, vigoureux comme une fresque italienne, celui-là confus, et souvent grotesque comme un tableau flamand ; le premier fait rire, du gros rire, comme une scène de la foire ; l'autre fait rire, du rire amer et profond, comme une scène d'Aristophane. Mais l'infériorité radicale de *Tristam Shandy* est de ne rien prouver du tout, et de ne mener à rien ; *Candide*, au contraire, est non-seulement une œuvre d'art, c'est une œuvre de critique, une œuvre de révolte. *Candide* menait droit à 89 ; ce qui ne l'empêche pas, si sérieux que soient d'ailleurs son but, et sa pensée fondamentale, d'être absolument parlant, d'une gaieté plus franche et d'un comique plus vrai que tout ce qu'a écrit Sterne. Si j'avais à me résumer, je conclurais

quêtes intellectuelles, pour les conquêtes
morales, il n'est pas une nation qui conserve
plus opiniâtrément les siennes ; une fois
faites, elles lui sont acquises irrévocable-

que l'esprit anglais s'attache plus aux faits, l'esprit
français plus aux principes, et c'est là, à mes yeux,
sa supériorité. Cela constitue aussi et explique son
universalité. Les faits varient de peuple à peuple, les principes sont immuables, identiques ; il
n'y a pour eux ni temps ni lieu, ils sont éternels,
ubiquistes. Voilà pourquoi Voltaire est traduisible
dans toutes les langues, accessible à tous les peuples,
tandis que l'un des caractères de l'*humour* anglais
est d'être intraduisible et presque incompréhensible
en deçà de la Manche ; je ne sais pas de lecture plus
pénible et moins divertissante qu'une traduction de
Sterne. Or, une beauté réelle ne s'éclipse point entiè-
rement sous la gaze plus ou moins épaisse d'une traduction. Esclave du fait et inspiré par lui, l'esprit
anglais doit procéder et procède en effet *à posteriori* ;
l'esprit français, au contraire, procède *à priori* ; in-

ment. Le peuple français est une comète ardente et voyageuse qui entraîne dans son tourbillon toutes les planètes dont elle approche. On peut expulser les armées françaises ; mais l'esprit français, on ne l'expulse pas, on ne l'étouffe pas : il est vivace, il est entier. Tout germe semé par lui doit nécessairement éclore, et, malgré tout, donner son fruit.

En redescendant de siècle en siècle, nous le retrouverions le même dans tous les temps, sous tous les cieux. Mais ce dépendant comme la pensée même, il ne relève que de principes primordiaux, et s'élance de plein vol vers la vérité, sur l'aile audacieuse de l'hypothèse. Cette méthode hardie est celle de notre Descartes, aussi supérieure en cela à Bacon que Voltaire, dans un autre ordre, l'est à Sterne.

qu'il importe de constater ici, c'est l'étroite union de la France avec Rome, union si intime que le souverain pontife avait baptisé la France *la Fille aînée de l'Eglise.* Elle était en effet le bras de la papauté ; ardente unitaire, elle travaillait de concert avec Rome au grand œuvre de la socialisation chrétienne. La France au fond travaillait pour elle : désignée par les destins pour succéder à la ville éternelle sur le trône de l'Occident, c'est son propre héritage qu'elle étendait et protégeait.

Mais tout en soutenant l'unité, l'esprit français n'avait pas juré dans les mains du maître, ni abdiqué sa liberté de pensée, son droit d'examen. Dès le douzième siècle, Abailard avait commencé contre la papauté, devenue stationnaire et despotique, cette lutte sourde, continue, dont la tradition se perpétue sans lacune jusqu'à nos temps. Concentrée dans l'école, la guerre d'Abailard n'avait pas quitté le terrain métaphysique des principes. Son disciple, Arnaud de Brescia, la fit descendre sur le terrain pratique des faits. Tribun fervent, le moine Lombard vint protester à Rome même contre la tyrannie temporelle du saint-siége, et, précurseur de Rinzi, il y proclama la république.

Menacée au berceau par la barbarie, enravée par les révolutions, l'œuvre intellectuelle de Charlemagne, l'université de Paris, atteint son apogée au treizième siècle ; toute l'Europe savante, l'Italie même relève d'elle et vient y puiser la science et la liberté. On a dit, et l'on ré-

pète tous les jours, que c'est Louis XIV
qui a rendu la langue française universelle. C'est une erreur; la langue française
était européenne dès le treizième siècle;
un Italien, le frère Martin de Canal, qui
écrivait alors une histoire de son pays,
l'écrivit en français, « parce que (dit-il),
« la langue françoise coroit parmi le
« monde et étoit la plus dilettable à lire et
« à oïr que nulle autre. » Brunetto Latini, le maître du Dante, un des hommes
les plus indépendants de son temps, un de
ceux qui contribuèrent le plus à réveiller
en Italie l'amour des lettres et des sciences,
Brunetto Latini passa maintes années à
l'université de Paris, et il a écrit en français, quoique Florentin, son grand ouvrage philosophique intitulé : *le Trésor*.

Dante lui-même suivit l'exemple de son maître ; comme lui il étudia à l'université de Paris, et, nourri de la poésie provençale, il hésita, dit une tradition, s'il n'écrirait pas en français. La conquête des Deux-Siciles par Charles d'Anjou ne fit que populariser encore davantage la langue française en Italie.

Quant à l'université de Paris, on peut juger de son importance par le nom des hommes qui la fréquentaient. Il suffit de dire que le premier théologien du moyen âge, saint Thomas d'Aquin y prit des grades de docteur ; l'ange de l'école, c'est le titre décerné par l'admiration du monde intellectuel à ce grand dialecticien, l'ange de l'école vint puiser au foyer de l'esprit français cette netteté, cette audace surtout qui le caractérisent, et qui, tout canonisé qu'il est, laissent planer sur son ortho-doxie, aux yeux du moins des rigoristes, le soupçon d'indépendance. Saint Thomas eut pour ami un roi de France, Louis IX, son collègue en sainteté.

Le quatorzième siècle porta les fruits du treizième. La lutte sourde faite à la théocratie par l'université de Paris au nom de l'intelligence et de l'égalité amena une rupture éclatante entre l'Eglise et sa fille aînée. Enflé de ses triomphes et de la soumission des peuples, le saint-siége passa la limite, et pour avoir voulu outrer l'autorité, il la perdit. Il posa les colonnes d'Hercule de la pensée humaine, et rêva la pétrification de l'humanité dans une théocratie bornée et jalouse. Boniface VIII occupait alors la chaire du Vatican ; c'était l'homme le moins propre au rôle épineux dont l'avait investi l'intrigue. Il afficha des prétentions excessives ; tranchant du Hildebrand, il crut possible de traiter Philippe le Bel, comme Grégoire, son modèle, avait jadis traité l'empereur Henri IV ; mais il venait trop tard ; il se trompait de trois siècles. Le roi de France, et toute la France avec lui se rirent des excommunications du fougueux Boniface. Le soufflet dont Nogaret frappa la joue du pontife fut le coup de mort de la papauté. Elle ne s'en releva pas.

Là s'arrête en effet son rôle civilisateur ; elle cesse d'être le rouage important de la machine sociale. Le peuple avait grandi; il aspirait à s'émanciper. Représenté dans l'origine par le vicaire de Jésus, fils du charpentier, il se sentait assez fort pour se représenter lui-même, et il est à remarquer que le même roi, qui d'une main insultait à la tiare, ouvrait de l'autre au peuple les états-généraux. Le soufflet de Nogaret et la représentation du tiers état datent de la même année 1302.

Telle fut l'aurore du quatorzième siècle; deux ans plus tard Rome n'était plus dans Rome. La chaire de saint Pierre était, par les ordres du roi de France, transférée à Avignon. Elle y demeura presque tout le siècle; siècle mémorable, qui vit la Jacquerie, le triomphe définitif de l'élément français sur l'élément anglais, et la reconnaissance de ce tiers état qui n'était rien d'abord, qui voulut être quelque chose et qui finit par être tout. Pétrarque alors chantait Laure à Vaucluse et flétrissait dans ses lettres la corruption du clergé.

La translation de la papauté au cœur de la France était pour la France un commencement d'initiative, mais ce n'était là encore qu'une initiative médiate, accidentelle; il lui en fallait une immédiate, absolue, exercée non par contre-coup, mais directement, non en vertu d'un droit suranné, au nom d'un passé compromis, mais au nom d'un avenir vierge, en vertu d'un droit nouveau.

Le siècle suivant passa de la métaphysique à l'érudition. La prise de Constan-

tinople fut beaucoup dans cette révolu-
tion et hâta la diffusion des lettres grecques
en Occident. L'esprit français se jeta avec
ardeur dans le mouvement de l'époque, et
puisa de nouvelles armes dans l'arsenal
longtemps fermé de l'antiquité. Louis XI
régnait alors ; il continua l'ouvrage ébau-
ché par Philippe le Bel ; celui-ci avait
porté un premier coup à la féodalité en lui
donnant le tiers état pour rival dans les
Etats du royaume ; celui-là fit plus : il dé-
membra le corps de la noblesse, et prépara
ainsi l'œuvre de Richelieu. Si avare, si
cruel que fût Louis XI, il n'en protégea
pas moins les lettres naissantes, et c'est
à lui que retourne la gloire d'avoir le premier introduit en France l'inexprimable
bienfait de l'imprimerie.

Son fils était destiné à une autre espèce de gloire, à une gloire tout extérieure; il est l'auteur, ou du moins la cause première de la balance politique de l'Europe. C'est en effet l'expédition de Charles VIII à Naples qui amena quelques années plus tard la ligue de Cambrai, première application pratique du principe abstrait de la solidarité des nations. La ligue de Cambrai est un temps d'arrêt dans l'histoire, un point d'intersection entre deux mondes; là finit le moyen âge, là commence l'âge moderne. C'est le coup d'essai de la science encore élémentaire des alliances, la première pierre du vaste et savant édifice de la politique internationale. Or, cette première pierre, c'est la France qui l'a posée; la France est donc l'auteur du nouveau système d'équilibre qui régit l'Europe depuis trois siècles.

Nous voici parvenus à l'un des plus grands siècles de l'humanité, au seizième. Au milieu du grand orage de la réforme, l'esprit français se constitue, il se charge dès le début de tirer les conclusions de Luther. Luther, et avec lui les réformateurs allemands, Zwingle, Melanchthon, OEcolampade ne firent guère de la réforme qu'une question d'exégèse et de suprématie hiérarchique. Les uns et les autres acceptaient sans contrôle les Ecritures comme un code miraculeux; ils discutaient bien les textes, mais ils ne recherchaient pas les origines; tous, en un mot, admettaient la révélation comme un fait constant, prouvé, livré aux interpré-

tations de détail, point à une analyse fondamentale, et devant lequel la raison n'avait
qu'à se taire et à adorer. C'était limiter sin-
gulièrement le droit d'examen ; ce n'était
pas combattre l'autorité, c'était simplement
la déplacer. On détrônait le pape, on ne
détrônait pas la Bible ; c'est-à-dire qu'en
réformant l'exécuteur de la loi on ne ré-
formait point la loi elle-même, on la lais-
sait subsister intacte dans toute sa rigueur.
On institua même des *confessions*, ce qui
est contraire au droit fondamental de l'examen individuel.

De là vient qu'envisagée philosophique-
ment et au seul point de vue de la logique,
la réforme n'est qu'un fait secondaire, et
l'on doit se rappeler qu'elle s'opéra dans
l'origine bien plus au nom des abus du

clergé qu'en vertu du droit d'examen qu'on en tira plus tard ; de là encore la facilité avec laquelle les polémistes catholiques, et notamment Bossuet, ont pu convaincre les protestants d'inconséquence; de là l'impuissance des protestants eux-mêmes à rien édifier sur les ruines de cette unité catholique brisée par eux ou plutôt démembrée.

A Dieu ne plaise que j'entende nier l'importance (politique surtout) de la réforme; ce que j'ai voulu établir, c'est que ce grand mouvement n'était que le premier pas vers l'émancipation de l'esprit humain ; un second pas restait à faire, c'était d'étendre à l'ensemble même du texte le droit d'examen limité jusqu'alors aux interprétations de détail. Il ne s'agissait de rien moins que de remonter aux lois primordiales de l'entendement humain pour en déduire les bases de la certitude. Ce fut l'œuvre de Descartes ; mais avant d'empiéter sur le dix-septième siècle, remarquons que le grand philosophe breton eut un précurseur dans le fils du charbonnier Picard, Pierre Ramus. Ramus en effet me semble le continuateur logique d'Abailard, cet éloquent champion de l'esprit français ; adversaire infatigable de l'antique tyrannie aristotélicienne, Ramus sapa l'idole déjà ébranlée que Descartes devait définitivement renverser ; la *méthode* cartésienne s'éleva sur les ruines entassées de cette scolastique oppressive et pétrifiante à laquelle Ramus n'avait pas cessé de faire une guerre à mort.

Mais ici une question se présente ; comment se fait-il que le protestantisme n'ait pas prévalu en France et que la France n'ait pas rompu avec Rome comme l'Angleterre, la Hollande, l'Allemagne ? J'en crois voir la cause d'abord dans l'indépendance où Philippe le Bel avait placé temporellement le royaume vis-à-vis du saint-siége, ensuite et surtout dans la contradiction radicale qui existe entre l'esprit français qui est tout positif et le protestantisme qui est tout négatif. L'un affirme et agit ; l'autre nie et s'abstient ; ils s'excluaient donc naturellement l'un l'autre, et voilà comment la France a répugné à rompre le fil de la tradition et à briser l'ancienne unité avant d'avoir à lui substituer une unité nouvelle.

Et je remarque, à l'appui de cette opinion, que Calvin, l'homme le plus pratique de la réforme, était Français ; or, voulant fonder politiquement le protestantisme et lui assurer une existence positive, il fut conduit par la force même des choses, et en dépit du principe réformé, à se poser pape, et à remplacer la théocratie catholique de Rome par la théocratie protestante de Genève. La Vénérable Compagnie des pasteurs n'était en effet qu'une théocratie d'autant plus gênante qu'elle était déguisée. Rome brûla Jean Huss, Genève brûla Michel Servet ; je ne vois pas trop de quel côté étaient le droit d'examen et la liberté de conscience.

Reconnaissons toutefois, avant de clore le seizième siècle, que si le protestan-

tisme ne triompha pas en France politiquement, il y obtint promptement le droit
de vie et d'exercice. Les guerres reli-
gieuses et l'épouvantable réaction de la
Saint-Barthélemy prouvent l'énergie et
l'ardeur de l'esprit d'indépendance; tant
d'efforts n'ayant pu le vaincre, force fut
bien à l'ennemi de battre en retraite et de
poser les armes; il lui fallut accepter ce
qu'il avait tant persécuté, et l'édit de
Nantes assura aux protestants français la
liberté de leur culte, cinquante ans avant
que le traité de Westphalie accordât le
même droit aux protestants d'au delà du
Rhin. La France était donc en avance de
cinquante ans sur l'Allemagne.

Nous voici descendus de proche en
proche jusqu'au siècle où l'initiative fran-

çaise prend un caractère plus net et plus clair, au siècle de Richelieu et de Louis XIV, son héritier. Ce n'est pas ici le lieu de récapituler les phases intérieures du royaume durant le grand siècle, siècle grand, en effet, où retranchée de la société politique par la hache de Richelieu, l'aristocratie disparaît pour ainsi dire dans les plis du trône et le laisse isolé, sans appui. en présence de la démocratie; on sait combien dura et comment finit ce terrible tête-à-tête. Ce qu'il importe ici de mettre bien en lumière, c'est la diffusion de l'esprit français sur toute l'Europe, c'est la littérature française envahissant en conquérante l'Espagne, l'Italie, l'Allemagne, l'Angleterre, et devenant tout d'un coup comme par enchantement la littérature universelle.

Rien ne prouve mieux la haute position prise dès lors par la France que ce qui se passa au commencement du dix-huitième siècle. Abandonnée quelque temps par la fortune après des succès héroïques, écrasée sur les champs de bataille, réduite aux dernières extrémités, elle semblait une proie facile pour les alliés ligués contre elle ; ses places frontières sont déjà entre leurs mains : un pas encore, et c'en est fait peut-être d'elle ; mais l'Europe s'arrêta devant cette grande figure de Louis XIV, qui représentait alors le génie de la France malheureux, mais imposant dans son malheur, et la paix d'Utrecht sauva l'honneur national.

Ceci rappelle une légende arabe d'une rare beauté : le héros du désert, Antar, vient d'être frappé à mort ; son armée est battue, l'ennemi la presse, toute retraite est impossible : Je meurs, dit Antar, mais couvrez-moi de mes armes, et placez-moi debout à l'entrée du défilé ; me voyant là, l'ennemi me croira vivant et n'osera s'approcher. En effet, le vainqueur, tenu en respect par le cadavre du héros, laisse aux vaincus le temps d'opérer leur retraite en bon ordre. Louis XIV fut l'Antar de la France au défilé d'Utrecht.

C'est à lui qu'appartient l'honneur d'avoir imposé et fait accepter à l'Europe cette initiative jusqu'alors contestée, tantôt par l'Empire, tantôt par l'Espagne. Elle est désormais si bien constituée que nous entendons le grand Frédéric dire, cinquante ans plus tard, que s'il était roi de France, il ne se tirerait pas un coup de canon en Europe sans sa permission (1).

Ce mot constate admirablement l'ascendant moral de la France au dernier siècle. La philosophie fut alors pour elle ce qu'avait été pour l'Allemagne la réforme religieuse. Toutes les classes de la population s'y jetèrent, et après la France, l'Europe entière. Jamais mouvement didées ne fut plus ardent, plus universel.

(1) Ce mot de Frédéric vient d'être renouvelé par la cour de Prusse, mais en se l'appliquant à elle-même : interrogée, à propos du traité du 15 juillet, sur l'intérêt qu'elle pouvait avoir à y intervenir, elle a répondu qu'en effet elle n'y avait aucun intérêt direct, mais que désormais aucune question importante ne pouvait se traiter en Europe sans son intervention. Si la maison de Brandebourg tient un pareil langage, quel doit être celui du peuple frança s?

C'était une nouvelle croisade, dont les apôtres étaient Voltaire, Rousseau, les Encyclopédistes, noms qui résument le siècle dix-huitième. La philosophie dite du dix-huitième siècle est le protestantisme de la France, et jamais protestation ne fut plus énergique, plus éloquente. Comme la réforme allemande, elle eut sa guerre de trente ans, guerre toute pacifique, et par cela bien plus grande, bien plus sainte, qui vainquit tous les rois en les forçant tous, hommes et femmes, depuis le petit prince de Toscane jusqu'à la Sémiramis du Nord, comme on disait alors, non pas à descendre du trône, mais à revêtir le manteau de philosophe. Ah ! comme ils l'auraient déchiré, foulé aux pieds, ce manteau fatal, s'ils avaient pu prévoir, ces rois aveugles, où la philosophie allait conduire le monde ! C'était pour eux la robe de Déjanire, elle devait les consumer; mais ils ne s'en doutaient pas; ils subissaient, sans le comprendre, l'ascendant auguste de la pensée; et tel était son empire, qu'il était de mode alors d'être philosophe, comme il est de mode aujourd'hui de ne l'être pas.

C'est par ces conquêtes préliminaires que la France préludait à l'initiative définitive de 1789; et si l'on voulait, avant de passer outre, récapituler tout ce passé et résumer en faits historiques l'action de la France durant cette longue période préparatoire, on trouverait qu'outre Charlemagne, le grand et unique empereur d'Occident, la France a donné des empereurs à

Constantinople et des rois à Jérusalem; quinze papes à l'Eglise universelle; une dynastie conquérante à l'Angleterre, deux au royaume de Naples, une autre à l'Espagne; des rois à la Pologne, des princes à la Grèce, à l'Italie; des ministres ou des capitaines à tous les Etats.

Certes, il faut se garder de faire de l'exclusion et d'immoler à la France les autres membres de la famille européenne; ce serait un point de vue faux à la fois et mesquin. Chaque peuple a sa mission sur la terre, et chacun fait son œuvre; chacun apporte sa pierre à la grande pyramide humaine; mais la Providence a voulu qu'un toujours fût à la tête des travailleurs, afin d'imprimer le mouvement général et de frayer les sentiers. Ce n'est qu'à cette condition que la civilisation peut agir avec ensemble et sur un plan commun; autrement il y aurait morcellement, anarchie. L'Inde, puis l'Egypte, ont tenu, chacune à son tour, le bâton du commandement. L'Egypte l'a passé à la Grèce, qui l'a passé à l'Italie ; Rome ne l'a perdu une fois que pour le ressaisir une seconde,

Et le tour de la France est à la fin venu.

Il y a là une loi de succession, une loi visible, incontestable, qui ressort de la contemplation des faits, et sans laquelle l'histoire ne serait qu'une vaine et oiseuse nomenclature de dates et d'anecdotes, un véritable fatras. C'est à l'esprit humain à démêler le fil conducteur et à remonter, guidé par lui, de peuple en peuple, de siècle en siècle, jusqu'au principe générateur et dominant; sans cela il y a des faits, il n'y a pas d'histoire.

Je crois, en ce qui touche la France, avoir posé nettement les termes et prouvé la filiation des causes par l'enchaînement des effets. Je tenais à montrer que l'initiative actuelle n'est point un accident fortuit, mais qu'elle a, comme toutes les choses fortes et durables, une tradition. Il y a eu sans doute bien des siècles perdus, bien des générations sacrifiées; c'est là l'ombre du tableau, le triste côté des choses humaines. Il ne faut pas oublier que la question est complexe : s'il y a des principes éternels, absolus, l'homme n'en est pas moins libre et maître du temps. L'égoïsme, les mauvaises passions, les vices de l'individu contrarient trop souvent les principes de la loi naturelle; et alors le progrès s'arrête, l'espèce souffre; mais, plus tôt, plus tard, la loi s'accomplit, le progrès s'opère, il digue les instincts rebelles de l'individu, et les convertit au bien en les dirigeant au profit de l'espèce. Tel doit être le but des institutions; tel est le devoir des gouvernements: là est tout le secret de la politique.

Arrivé à 1789, imposante époque où la France a reçu des mains de Dieu les rênes du char social, il y aurait à montrer les nations de l'Europe gravitant et roulant désormais autour de Paris, comme les planètes dociles autour du soleil. Il y aurait à montrer aussi comment l'édifice féodal de Charlemagne croula, quand vint son heure, sous les coups d'un autre empereur des Français, Napoléon; le rapprochement de deux conquérants, grands tous les deux, l'un pour avoir fondé, l'autre pour avoir détruit, serait d'un intérêt vif et puissant. Il ne serait ni moins instructif ni moins piquant de voir cet essaim de plébéiens français, couvés sous le manteau de l'empereur, escalader à l'envi tous les trônes; au midi, c'est un fils d'aubergiste, qui se carre et fait le roi sous le dais fleurdelisé des Bourbons de Naples; au nord, c'est le fils d'un vigneron, qui ceint le vieux diadème de Gustave-Adolphe, et se le visse si bien au front, qu'il y est encore. En Toscane comme en Allemagne, en Espagne comme en Hollande , partout on verrait la même parodie anti-monarchique se jouer sur les planches vermoulues du vieil échafaudage féodal; et, quant au cri d'enthousiasme et d'émancipation dont fut saluée hier l'insurrection de juillet, tous les échos de l'Europe en retentissent encore.

Ainsi donc, en vertu des faits comme en vertu des principes, l'initiative de la France est solennellement constituée. Aussi bien, qui le lui conteste? qui lui dispute le sceptre? qui lui refuse l'hommage? Sur quel astre les opprimés du monde ont-ils les yeux? en qui espèrent-ils? qui invoquent-ils durant la tempête? où est leur refuge après le naufrage (1)? La haine même des

(1) Ce n'est pas d'aujourd'hui que la France pra-

ennemis de la France dépose en sa faveur et atteste sa force; car la force seule inspire la haine; la faiblesse n'inspire que le mépris. On peut haïr la France; on ne peut pas la mépriser.

Il serait absurde de dire que tout s'invente, que tout se crée en France; mais en France tout se transforme, tout se socialise; la France est le grand creuset où s'élaborent, où se cristallisent les idées du

tique l'hospitalité politique. Vers le quinzième siècle, quelques serfs de Catalogne, qui s'étaient réfugiés en France, furent réclamés par leur seigneur : le parlement de Toulouse déclara que tout homme qui entrait dans le royaume en criant : France! devenait libre. (VILLARET, I, 15, p. 548.) « La liberté de notre « royaume est telle, dit à ce propos Mézerai, que son « air communique la liberté à ceux qui le respi- « rent. »

monde. La scorie reste au fond, et le lingot sort pur et compacte de l'inextinguible fournaise. Ailleurs on peut percer la mine, on peut l'exploiter ; mais c'est la France, et la France seule, qui a le privilége de battre monnaie, comme on l'a dit. Le coin français a cours par toute l'Europe.

Cette sanction de l'esprit français est si universellement acceptée, qu'une chose ne devient européenne que sous la condition expresse d'avoir reçu le baptême de Paris ; cela est vrai pour les hommes comme pour les choses. C'est la France qui a révélé à l'Europe continentale le nom encore inconnu de Shakspeare. Et quand les deux Allemands Gall et Mesmer voulurent populariser en Europe, celui-ci, le magnétisme animal, l'autre, son système craniologique, ces deux branches si controversées de la physiologie moderne ; ce n'est pas à Londres, ce n'est pas à Rome, qu'ils allèrent prêcher leur doctrine, c'est à Paris qu'ils vinrent, bien convaincus, qu'une fois admise en France, elle le serait le lendemain par l'Europe entière.

Que d'exemples semblables ne pourrait-on pas citer ! Il n'est pas en Europe un savant qui, ayant fait une découverte, ne soit tourmenté par l'invincible besoin de la proclamer à Paris ; pas un artiste, qui n'aspire à y exposer son œuvre ; pas un romancier, pas un poëte, qui ne brûle de s'y voir imprimer, et qui ne considère une traduction française comme le point culminant du succès.

C'est qu'aussi, je le répète, pas un nom

ne pénètre en Europe s'il n'a passé d'abord à travers la France. Lagrange était Turinois; mais avant que les mille voix de la France eussent proclamé son nom, qui le connaissait en Europe, en Italie? et cependant il avait été vingt ans directeur de l'Académie de Berlin. Il en est de même de Canova; c'est Paris qui lui a fait sa renommée européenne. Et quant à Walter Scott, à Byron, ils ne se sont popularisés sur le continent que lorsque la France les a traduits et divulgués. On en pourrait dire autant de Schiller, autant de Goëthe; c'est Paris qui délivre les brevets de grand homme.

Et ce grand mouvement d'idées qui travaille incessamment les âmes, est il à Rome, est-il à Vienne, est-il à Londres?

cet éternel orage intellectuel, qui emporte les esprits au faîte de toutes les questions, au fond de tous les principes, où souffle-t-il ailleurs qu'en France? C'est ce qui faisait dire à Jean-Jacques, tout attristé qu'il fût, le fils exilé des montagnes, de la boue parisienne, c'est ce qui lui faisait dire, dans un accès d'enthousiasme : « Si vous avez en vous une étincelle de génie, venez à Paris, Paris la fera jaillir. » L'oracle a été accompli; et si quelques natures, trop vacillantes, trop peu robustes, se sont perdues dans la tourmente, combien d'autres ont, en effet, senti l'électrique étincelle et reçu le coup de marteau magnétique! Demandez à ces générations brûlantes qui, de tous les points du globe, viennent s'abreuver aux sources de l'esprit français ; demandez-leur si le Genevois les a trompés ; demandez-leur si Paris leur est marâtre, et si, en y mettant le pied, elles ne s'écrient pas toutes, comme le républicain Anglais : *Ibi patria*.

De là vient que le voyage de France est la condition indispensable et le complément de toute bonne éducation. Peu songent à voir Vienne, moins encore Pétersbourg ; on peut vieillir honorablement sans avoir été à Londres, à Rome, à Berlin ; mais il est ridicule de mourir sans avoir vu Paris ; il faut l'avoir visité une fois au moins dans sa vie pour être un homme bien élevé. Allez voir en Italie, en Suisse, en Allemagne, la supériorité notable que le voyage de France assure à ceux qui l'ont fait. Comme ils parlent avec autorité !

comme on les écoute avec déférence! Aussi, quel fleuve immense d'étrangers roule incessamment ses flots dans nos carrefours et sur nos places publiques! On s'y donne rendez-vous de toutes parts; on s'y retrouve après des années d'absence; on y rencontre tous ceux qu'on cherche. Paris est le grand caravansérail de l'Occident: tous les peuples y passent. On dirait le vœu d'Alexandre réalisé, et le monde entier devenu une seule cité : « La grande « cité des nations, fondée et gouvernée « par Dieu même (1). »

Tel est l'irrésistible attrait de la jeune la Mekke occidentale, qu'il faut des lois pénales pour empêcher ses ennemis

______

(1) Vico, *Scienza nova.*

mêmes d'y faire, eux aussi, leur pèlerinage. Un ukase absolu du czar l'interdit à tout sujet russe. Il faut aux sujets autrichiens une permission spéciale de l'empereur, qui d'ordinaire la refuse, pour faire le redouté voyage; et le fait seul de l'avoir entrepris avec ou sans licence est un crime aux yeux des petits despotes de l'Italie. La tyrannie ombrageuse et frémisante est armée d'un fer à deux tranchants : accroupie sur la frontière, ce ne sont pas seulement les routes qu'elle barricade et ferme à ses victimes, c'est ta grande voix, ô France ! qu'elle intercepte et s'acharne à couper au passage, de peur que cette voix, si fertile en effets magiques, n'aille retentir dans la tombe des martyrs, comme la trompette de résurrection. Mais, quoi qu'on fasse, les échos de l'Europe sont accoutumés à l'entendre, et ils la répètent malgré tout. *Omnia quæ loquitur populus iste conjuratio est* (1). Ne dirait-on pas que le prophète avait en vue la France, en prononçant ces magnifiques paroles? Car c'est aussi une conjuration que la parole du peuple français; conjuration légitime et sacrée, qui arme le droit contre la force; la liberté contre la tyrannie (2).

(1) Isaïe, viii, 12.

(2) La Gazette de Pétersbourg contenait, ces temps passés, une longue réponse à un article, assez léger pourtant, d'un de nos journaux quotidiens; or, l'article qui recevait cet honneur était l'œuvre d'une plume tout à fait inconnue, du soldat le plus obscur de la phalange démocratique; mais l'attaque anonyme partait d'un journal français, et, au lieu de se retrancher dans le commode silence du

La France donc est le foyer central du système européen. Elle porte en elle le destin des nations et le mystère encore voilé de l'avenir. La première, elle a mis au creuset le grand œuvre de la société moderne ; c'est elle qui, depuis cinquante ans, l'élabore ; à elle donc appartient, puisqu'elle a posé le problème, le droit de le résoudre. Le fait de l'initiative française est désormais si bien constaté, la

mépris, comme il l'eût fait en tout autre cas, l'empereur de toutes les Russies descendait dans l'arène, par l'organe de sa gazette officielle, dérogeant ainsi jusqu'à faire de la polémique. Ce fait, qui en lui-même est peu de chose, n'est-il pas une reconnaissance formelle de l'ascendant politique du peuple français ? La France n'a-t-elle pas le droit de revendiquer pour elle l'honneur fait à l'un de ses enfants les plus ignorés, et de s'en glorifier ?

fortune des peuples est si étroitement liée à celle de la France, que lorsque la France sommeille, ils s'endorment, et que son réveil est toujours suivi du leur. Se meut-elle, tout se meut; marche-t-elle, tout marche; quand elle s'arrête, tout s'arrête; si elle reculait d'un pas, le monde reculerait avec elle. Il y a certainement là une volonté expresse, une intention manifeste de la Providence. Il faut que la France le reconnaisse, non pour s'en glorifier dans les vues étroites d'une personnalité vaniteuse, mais pour accomplir fidèlement son mandat suprême. La grandeur a ses écueils, et la France s'abuserait, elle attirerait sur sa tête de nouvelles calamités si elle prétendait, en vertu de son initiative, violer les nationalités rivales et s'imposer à l'Europe. Elle le voulut faire sous l'empire; l'Europe alors s'est révoltée, et le coursier du Cosaque a bu les eaux de la Seine. La France, ici, n'est que le représentant d'une idée ; et la France n'est reine du monde que parce que cette idée est reine de l'avenir ; or cette idée est la démocratie. En acceptant l'initiative française, c'est donc à un principe que l'Europe rend hommage, c'est à la démocratie, dogme régénérateur et trois fois saint, destiné à laver les souillures du passé, du présent, et à retremper la vieille humanité.

Tel est le rôle de la France, telle est sa fonction, elle n'en a pas d'autre. En vain s'efforce-t-on, depuis dix longues années, à l'engager dans des voies qui ne sont pas les siennes, et à l'emmaillotter dans les langes du passé ; gravitant dans des vues purement dynastiques, autour d'alliances impossibles, on leur immole les alliés véritables ; se passionnant jusqu'à la puérilité pour je ne sais quelles fictions dites parlementaires, on s'obstine à vouloir greffer, sur une nation continentale, démocratique, éminemment expansive et civilisatrice, les institutions d'un peuple insulaire, féodal, isolé, égoïste ; c'est-à-dire qu'on veut régir la vie par la mort. Cette politique d'emprunt est sans portée, elle n'a point de base. C'est une politique nouvelle qu'il faut à une situation nouvelle. Le passé fait eau de toutes parts : ceux qui s'y attachent doivent nécessairement sombrer avec lui.

O France ! nouvelle Rome de l'Occident !

toi que la Providence appelle à administrer aux nations régénérées l'auguste baptême de la rédemption populaire, rends-toi digne de ta grande mission, et comprends-la bien pour bien la remplir. Il ne s'agit plus aujourd'hui de suprématie matérielle, le temps des brutalités est passé. L'avenir te convie à de plus nobles conquêtes : les conquêtes du sabre, que sont-elles auprès de celles de la pensée ? Conquiers donc et règne par la pensée, et si quelque nation rétive regimbait contre les aiguillons et te jalousait, montre-lui tes cicatrices, tes blessures encore saignantes, et dis-lui d'en montrer autant.

Ah ! certes, jamais honneur ne fut mieux acquis, plus chèrement payé ; mais n'oublie pas, nation ardente, nation mobile, que, si cher qu'il coûte, il peut se perdre, et que le sceptre échappe aux mains indignes. L'initiative humaine n'est pas une sinécure, c'est une fonction laborieuse, au contraire, une magistrature pénible; et la tâche serait moins glorieuse si elle était moins rude. Il ne suffit pas, pour régner, de dire : Je suis roi ! il faut tirer l'épée à propos, et marcher au premier rang.

Tire donc l'épée, puisqu'on t'y force. O France, noble France, réveille-toi ! Sors du sommeil léthargique où t'ont plongée les sophismes de la ruse et de l'avarice, secoue les mauvais rêves dont elles t'ont bercée, reprends ton œuvre commencée : les temps approchent, ils sont peut-être arrivés. Un frémissement sympathique électrise les peuples ; je ne sais quels heureux pressentiments les agitent, ils s'attendent à de grandes choses ; tous ont les yeux sur toi. Songe à ta mission suprême et à la grandeur de ta destinée ; sur toi reposent la liberté, l'égalité, la fraternité, trinité nouvelle qui n'a eu encore que des martyrs et qui aura bientôt dès autels. Tu es la libératrice des peuples ; en toi seule, ô France ! gît leur espoir, et tu ne pourrais te manquer à toi-même sans leur manquer à tous. Songes-y bien, la faiblesse ici serait de la trahison, car tu as promis ton assistance aux opprimés du monde ; tu leur as dit : Venez à moi ! tu leur as tendu la main ; voudrais-tu la leur retirer ? non, tu en rougirais toi-même, car tu es probe, tu es fidèle, et d'ailleurs tu ne le pourrais pas sans périr. La guerre qui gronde à l'horizon est une guerre nationale, c'est plus encore : c'est la guerre sainte de la démocratie ; voilà pourquoi nous devons être pleins de confiance et de sécurité. L'humanité ne saurait revenir sur ses pas : les progrès faits sont le prélude des progrès à faire. L'Europe des princes se coalise en vain contre l'Europe des peuples ; elle conspire sa propre ruine, elle-même en donne le signal.

Rassurez-vous donc, nations éplorées ; la démocratie vivra, et vous vivrez avec elle. Géant surpris et garrotté par les pygmées, la France à genoux dépasse encore de toute la tête ses ennemis et les vôtres. Ayez donc foi en elle, et soyez sans crainte. Le char sanglant des réactions roule, il est vrai, sur vous et sur nous; mais les principes sont en présence, les ennemis se connaissent, les forces se mesurent; la position de chacun se dessine au grand jour. Accident horrible, mais passager, la propagande des trônes n'est que le prélude d'une sainte et touchante croisade, celle des peuples, et ne retardera que d'un jour l'accomplissement des lois nécessaires dont le triomphe est assuré. Ne voyez-vous pas que le réseau de fer jeté sur l'Europe est rongé de rouille, et que la maille en est rompue en mille endroits? Une secousse encore, et il vole en éclats.

FIN.

OUVRAGES DU MÊME AUTEUR :

ROME SOUTERRAINE. . . . . . . 2 vol. in-8.

UNE ANNÉE EN ESPAGNE. . . . 2 vol. in-8.

CHAVORNAY. . . . . 2 vol. in-8.

LE CHEVALIER ROBERT. . . . . 2 vol. in-8.

THÉCLA. . . . . 2 vol. in-8.

SOUS PRESSE :

CAMPAGNE DE ROME. . . . . 1 vol.